PLATE 1

PLATE I

PLATE 2

Test Pattern

PLATE 2

Test Pattern

PLATE 3

PLATE 3

PLATE 2

PLATE 4

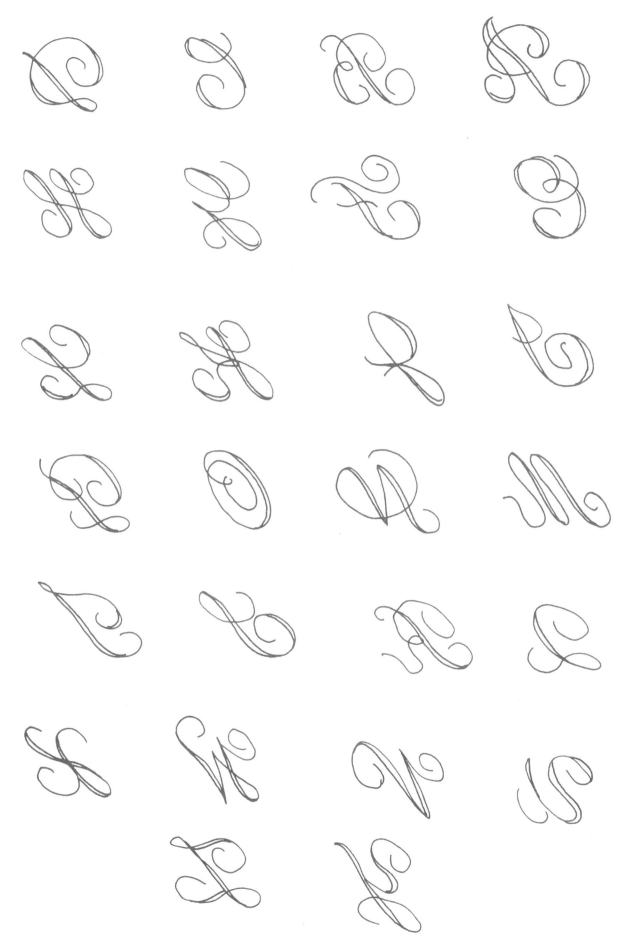

PLATE 5

PLATE 8

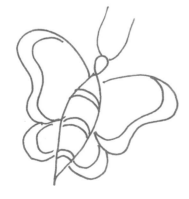

Test Pattern

PLATE 6

Test Pattern

PLATE 7

PLATE 8

PLATE 8

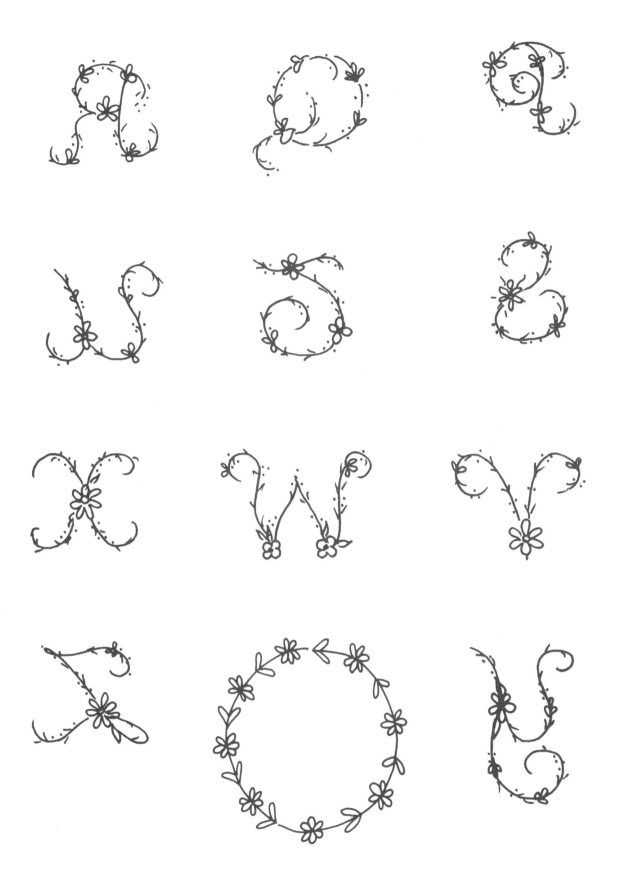

PLATE 9

PLATE 9

PLATE 10

Test Pattern

PLATE 10

Test Pattern

PLATE 11

PLATE 9

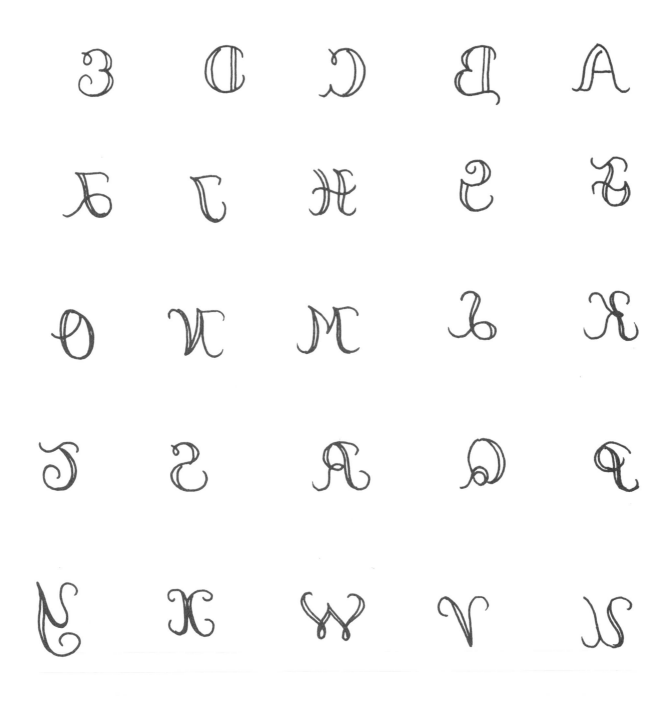

PLATE 12

Test Pattern

PLATE 13

PLATE 1

PLATE 1.

PLATE 14

Test Pattern

PLATE 15

PLATE 15

PLATE 16

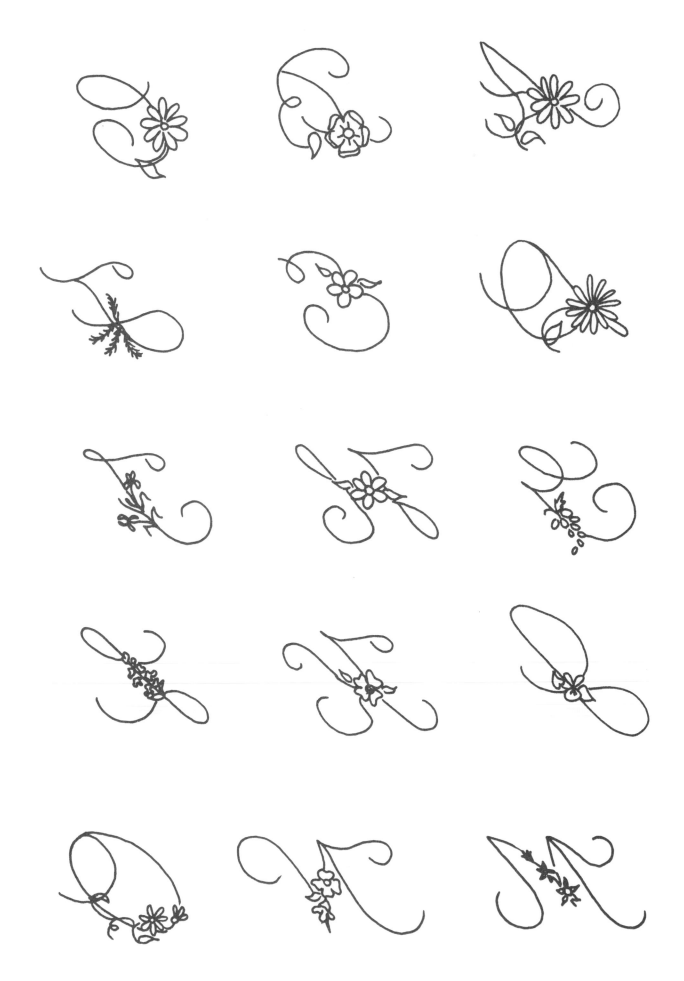

PLATE 16

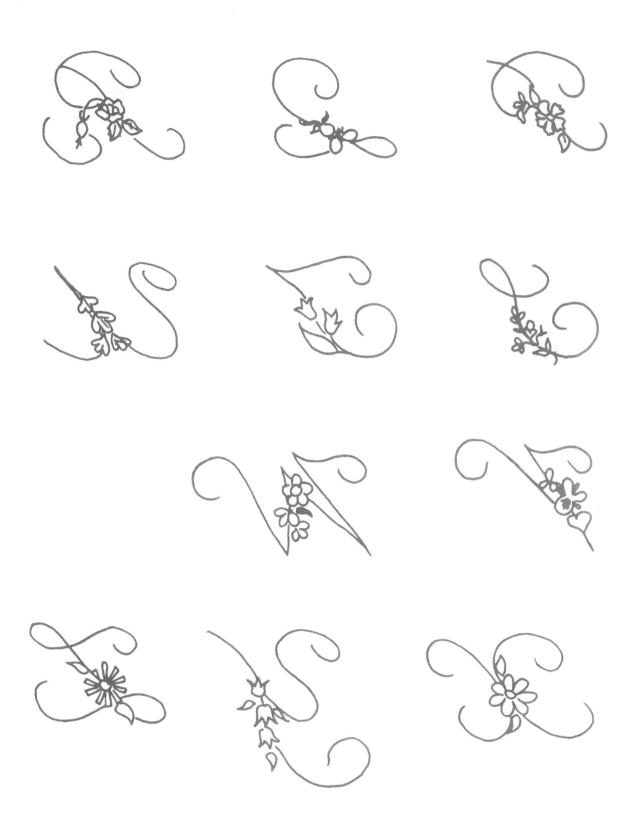

PLATE 17

PLATE 18

Test Pattern

PLATE 19

Test Pattern

PLATE 20

PLATE 21

PLATE 22

PLATE 22

Test Pattern

PLATE 23

PLATE 23

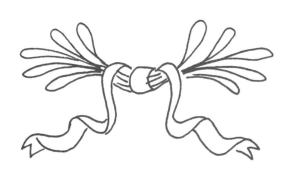

PLATE 24